CU00831994

PAIDEIA
ÉDUCATION

AMÉLIE NOTHOMB

Acide sulfurique

Analyse littéraire

© *Paideia éducation.*

ISBN 978-2-7593-0334-2
Dépôt légal : Août 2019

SOMMAIRE

BIOGRAPHIE

AMÉLIE NOTHOMB

Amélie Nothomb est née le 13 septembre 1967 à Kóbe au Japon. Sa famille fait partie de l'aristocratie belge et plusieurs de leurs ancêtres se sont illustrés dans la vie politique et culturelle. Son père a plusieurs casquettes : il est l'ambassadeur de Belgique à Rome, mais il est aussi baron et écrivain. Cette famille a apporté autrefois la province du Luxembourg au Royaume de Belgique.

Amélie passe son enfance en Chine, à New-York, en Asie du Sud-est dans des pays tels que le Laos, le Bangladesh ou encore la Birmanie, et enfin le Japon. Ce pays dans lequel elle reste cinq ans la marquera pour le restant de ses jours. Elle découvre la Belgique à l'âge de 17 ans et y finit ses études d'humanité à l'Institut Marie-Immaculée Montjoie d'Uccle, puis entame des études de philosophie romane à l'Université libre de Bruxelles. A cette époque, la jeune fille se sent incomprise, rejetée, et est confrontée à une mentalité jusqu'ici inconnue.

Agée de 33 ans, elle se dit « malade de l'écriture » et confie avoir rédigé plus de trente-sept romans. Vingt d'entre eux sont rangés dans un carton, car elle les trouve trop personnels.

Elle publie son premier roman *Hygiène de l'Assassin* en 1992, aux éditions Albin Michel. Cette œuvre fait une entrée fracassante dans le monde des lettres et reçoit le prix René Fallet en 1993. Depuis cette date, Amélie Nothomb écrit un livre par an. Elle vit actuellement à Bruxelles, mais voyage beaucoup de ville en ville à la rencontre de ses lecteurs.

Elle raconte une partie de son enfance dans certains de ses romans comme *Métaphysique des tubes*, ou encore *Le Sabotage amoureux* qui lui a valu le Prix Littéraire de la Vocation et le Prix Jacques Chardonne. L'existence nomade qu'elle vécût pendant sont enfance a décuplé sa curiosité et renforcé sa précocité. Dans *Biographie de la faim*, elle raconte

11

comment elle a plongé très jeune dans les livres, la potomanie, l'anorexie et l'alcool. Une fois adulte, elle retourne au Japon et travaille pendant un an comme interprète dans une entreprise locale. Cette expérience malheureuse, elle la raconte dans *Stupeurs et tremblements* en 1999, oeuvre pour laquelle elle recevra le Grand Prix du roman de l'Académie française. Entre 2000 et 2002, elle écrit sept textes pour la chanteuse Robert et romance la vie de la chanteuse dans le *Robert des noms propres*, en 2002.

Deux ans plus tard, elle a plus de cinquante-trois manuscrits, tous genres confondus, à son actif. Elle déclare écrire 3,7 romans par an, mais n'en publie qu'un seul. Les autres ne seront jamais publiés. *Ni d'Eve, ni d'Adam*, dont l'histoire se déroule au Japon, sort en 2007 et reçoit le prix de Flore. L'année suivante, Amélie gagne dans le même temps le Grand Prix Jean Giono qui couronne l'ensemble de l'œuvre d'un auteur de langue française ayant défendu la cause du roman, et l'ordre de la Couronne.

En 2010, elle publie « Les Myrtilles », une nouvelle ajoutée au roman *Stupeurs et tremblements*, dont les bénéfices sont reversés à *Médecins du Monde*, au Japon.

PRÉSENTATION DE
ACIDE SULFURIQUE

Acide Sulfurique est publié en 2005 par les éditions Albin Michel. Le roman a la particularité d'être une dystopie sur le thème de la téléréalité et de rappeler l'expérience de Stanford dans la réflexion de ce qui peut pousser les humains à être cruels les uns envers les autres. Fable dérangeante, le livre a reçu de vives critiques, ce qui a poussé l'autrice à faire des plateaux télévisés pour expliquer son objectif et ses choix, notamment dans « Le Grand Journal » de *Canal* + où elle a été soutenue par son ami, l'auteur et chroniqueur Frédéric Beigbeder.

Marqué par cette controverse, l'ouvrage s'est trois fois moins vendu, du moins pendant une période, que par les précédents.

C'est sans doute le cadre du roman bien plus que sa critique de la télé-réalité qui a apporté des problèmes à l'autrice. En effet, l'histoire se déroule dans un camp de concentration. Sujet sensible par son aspect historique. Un cirque moderne où l'on retrouve télé-réalité, voyeurisme, ignominie, bonne conscience, dénonciation moralisante. Un monde de bêtise et de cruauté, d'hypocrisie bien-pensante où l'individu a perdu toute liberté d'agir puisque tout est récupéré, où même la dénonciation du système appartient au système. Et cependant qui dit victime dit désir de sauver sa vie. En premier chef, désir de reconquérir la faculté de nommer, puisque les personnages n'ont plus pour appellation que des numéros, le début de l'humanité selon Amélie Nothomb. Comme elle le cite avec un humour décapant sur la quatrième de couverture : « Vint le moment où la souffrance des autres ne leur suffit plus: il leur en fallut le spectacle. »

RÉSUMÉ DU ROMAN

Première partie

Chapitre 1

Pannonique, une jeune citadine est enlevée alors qu'elle se baladait au Jardin des Plantes. Avant la première émission, les participants sont enlevés comme s'il s'agissait d'une rafle nazie. Ils se retrouvent tous dans un semblant de camp de concentration avec des caméras vidéos partout.

Chapitre 2

Zdena est recrutée pour être organisatrice. Fierté pour elle qui n'a jamais eu aucun diplôme. Elle sera donc le kapo Zedna. Dans son enthousiasme de participer à « quelque chose de fort », elle ne tarde pas à oublier que c'est une émission et que tout est filmé.

Chapitre 3

Toute la presse ne parle que de ça, de la nouvelle émission phare « Concentration ». Les kapos, dont Zedna, sont fiers d'avoir leur heure de gloire et ne se rendent pas compte que la télé enlaidit.

Chapitre 4

Zedna est interviewée pour son rôle de Kapo dans l'émission durant un an, elle est fière et ne montre aucune compassion pour les participants qui, selon elle, sont là parce qu'ils le méritent. Sa méchanceté et son physique la font devenir la bête noire de l'émission. Elle en conclut que les spectateurs ne sont que des bourgeois incompréhensifs et ne se sent pas vexée.

Chapitre 5

Si les prisonniers s'en sortent vivants, ce qui est rarement le cas, les spectateurs les considèrent comme des héros. Les images de l'émission sont choisies pour manipuler le public à volonté. Pannonique est choisie pour incarner le visage de la pureté. Elle ne le sait pas, mais c'est sans doute ce qui la sauve, même si sa beauté et sa jeunesse ne l'empêchent pas de recevoir des coups pour apitoyer l'audience.

Chapitre 6

Zedna, frappée par la beauté de Pannonique, la prend en grippe et s'énerve sur elle au point de ne plus en dormir de la nuit, ce qui lui donne un visage encore plus méchant. La presse s'empare du phénomène et l'amplifie.

Chapitre 7

A leur arrivée, les prisonniers ont été dépouillés de leurs vêtements et flanqués d'un pyjama. Ils n'ont plus de nom, mais des matricules. Pannonique porte le matricule CKZ114. Zedna comprend par un article que c'est la beauté de Pannonique qui la perturbe. En parallèle, les kapos, tous jeunes, ont été choisi pour faire contraster jeunesse et violence, alors que les participants sont parfois âgés.

Chapitre 8

Zedna poursuit son acharnement sur CKZ114. Les participants ne connaissent pas leur vrai nom, ce qui n'empêche pas une certaine humanité. Ainsi un jeune trentenaire, EPJ 327 se révolte contre les violences de Zedna sur CKZ114 et lui en parle. CKZ114 arrive à le calmer, surtout quand il ressent le besoin de lui dire son nom. Zedna, elle aussi aimerait connaître le nom de CKZ114 qui refuse de le dire. Elle dérobe du Penthotal pour interroger EPJ 327 qui s'appelle Pietro Livi. Elle le frappe et se fait violemment sermonner. Interdiction de frapper pour son compte personnel, uniquement devant les caméras et plus de Penthotal. Zedna se rend compte de sa bêtise.

Chapitre 9

Zedna tente une autre technique pour arriver à avoir son nom, elle fait sembler de la frapper avec une fausse schlagge. CKZ114 ne lui dit toujours pas, mais finit par lui parler et donc faire entendre le son de sa voix.

Chapitre 10

CKZ114 fait l'admiration de tous pour son courage, y compris de MDA802 à qui elle explique qu'il ne faut pas se tutoyer comme les kapos le font. Face à la déshumanisation, ils luttent, notamment en parlant à l'heure du repas. Ce qui ne l'empêche pas de perdre du poids en raison du peu de nourriture qu'on leur fournit. Zedna tente de lui donner des vivres qu'elle refuse. Mais après une dispute avec MDA802, elle finit par accepter le chocolat, au prix qu'elle, elle fixera.

Chapitre 11

Zedna est toujours obsédée par Pannonique. Elle reconnait qu'elle incarne pour elle le contraire du dégoût et elle veut savoir son nom à n'importe quel prix.

Chapitre 12

Ne pas perdre trop de poids est une obsession chez les participants au risque de se retrouver dans la mauvaise file. Pannonique subit la pression de son groupe pour accepter le chocolat. Elle finit par l'accepter et le partage avec son entourage, mais Zedna finit par comprendre qu'elle se paie sa tête. Elle décide de s'en prendre à MDA802. Dans un élan de fureur, Pannonique s'interpose et finit par donner son nom.

Deuxième partie

Chapitre 13

Lorsque Pannonique révèle son nom, elle sauve la vie de MDA802 sous le regard admiratif de EPJ327 et des spectateurs. Ce dernier compare ce qu'ils vivent à l'époque des camps que décrit Romain Gary. A la seule différence que dans leur cas, le camp est mixte. Il oublie de parler des caméras, parce que les participants n'y font plus attention.

Chapitre 14

Depuis son arrestation, Pannonique en veut à Dieu. De par sa façon d'être, elle se rend compte qu'elle peut être une sorte de Dieu pour les autres. Elle aime tout le monde et en prend soin. Elle a cependant du mal à aimer ZHF911. Une vieille femme abominable qui prend un malin plaisir à monter les gens les uns contre les autres, à être cruelle et qui a la particularité de hurler toutes les nuits à minuit. Si bien qu'on souhaite sa mort.

Chapitre 15

PFX150 a 12 ans. Elle a été épargnée jusque là. Elle est souvent insultée par ZHF911. Pannonique lui suggère de répliquer, mais ceci ne fait qu'empirer la situation et PFX150 en veut à Pannonique. Celle-ci comprend qu'elle n'aurait pas dû s'en mêler. Elle réfléchit ensuite à sa haine de ZHF911, mais aussi des spectateurs qui regardent. Elle sympathise finalement avec PFX150 et se rend compte que celle-ci est emmenée par un homme toutes les nuits. Elle tente d'aider la jeune fille comme elle peut. PFX150 et ZHF911 finissent par rejoindre la file de la mort. Pannonique s'en veut et renonce à être Dieu. Alors qu'elle est en train d'aider MDA802, un kapo l'appelle Simon de Cyrène. Elle sera donc un humain qui en aide un autre. Pas d'idéal.

Troisième partie

Chapitre 16

Les chocolats reviennent. Zedna, toujours émerveillée par son nom, ne la frappe presque plus. Les kapos s'énervent de son relâchement. Elle finit par lui donner de nouveau de faux coups. En parallèle, Pannonique se rapproche d'EPJ327 dont elle apprécie la compagnie. Zedna est jalouse de leur rapprochement. Elle décide d'avoir elle aussi des choses à dire à Pannonique.

Chapitre 17

Les participants parlent de l'émission qu'ils n'ont, par voie de fait, jamais vue. Ils sont choqués de ce que cela peut donner et en tirent une analyse sur la cruauté des hommes.

Pannonique fait un nouveau coup d'éclat face à la caméra, comprenant le fonctionnement de l'émission. Elle appelle les spectateurs à s'indigner. En pleine nuit, Zedna vient voir Pannonique. Cette dernière tente de la convaincre de ne plus être Kapo. Elles finissent par imaginer une libération de Pannonique.

Chapitre 18

Pannonique est dégoûtée par tout ça. Elle fait la Une des journaux suite à son coup d'éclat. Elle ne sait pas si c'est lié, mais ne reçoit plus de chocolat et s'en veut. Son groupe lui dit qu'au contraire, ils ont longtemps eu du chocolat grâce à elle. Son coup d'éclat fait l'inverse de l'effet escompté, les gens regardent encore plus l'émission ! Les audiences finissent par crever le plafond alors même que les médias ironisent en disant de ne pas en parler.

Chapitre 19

EPJ327 conseille à Pannonique de s'insurger encore. Les autres sont sceptiques et ont peur de nouvelles représailles. Pannonique propose à Zedna de parler, celle-ci lui donne du chocolat. Un des membres de son groupe est content, mais refuse d'endosser la responsabilité du prix à payer. Le soir même Zedna et Pannonique se voient. Cette dernière tente de la convaincre de devenir gentille en jouant sur les sentiments de Zedna.

Quatrième partie

Chapitre 20

Les audiences stagnent, les organisateurs paniquent. Ils décident de rendre l'émission interactive et de faire participer les spectateurs au choix des victimes. L'idée de spectateur-bourreau fait un écho sans précédent et l'audience fait un énorme bond.

Chapitre 21

Les deux premiers élus par les spectateurs sont deux personnes âgées. Pannonique est sous le choc et refuse de croire que c'est vrai. Face au choc de l'émission tout le monde se met à la regarder, comme une pandémie.

Chapitre 22

Zedna est inquiète de ce choix du public puisqu'elle ne peut plus protéger Pannonique. Les deux filles tentent de trouver un plan pour s'en sortir, mais Pannonique refuse de céder au chantage de Zedna, préférant la mort. Zedna est consternée. Elle décide de trouver une solution et se rabat sur MDA802 pour lui faire croire que Pannonique se refuse à elle alors que ça pourrait les sauver. Cette conversation crée des conflits dans le groupe de Pannonique. Elle finit par interpeller les spectateurs pour qu'ils votent contre elle.

Chapitre 23

Pannonique fait la une des journaux. La presse la surnomme le « Christ ». L'homme qui la déteste est consterné de voir son comportement. Personne ne la comprend vraiment même EPJ327 pourtant amoureux. Pannonique et Zedna se retrouvent pour discuter. Pannonique lui dit qu'elle ne l'aimera jamais mais qu'elle peut l'aider à s'en sortir malgré tout. Zedna finit par accepter, pour leur amitié naissante. Mais elles n'en sont pas moins inquiètes.

Cinquième partie

Chapitre 24

L'émission suivante se passe en direct. Les spectateurs sont tous dans un état de consternation mais aussi d'hypocrisie énorme. Zedna n'est pas là. EPJ327 tente d'interpeller le public, sans succès. Zedna finit par arriver et prend le camp en otage avec des cocktails molotov fabriqués à base d'acide sulfurique trouvé dans des batteries. Elle jubile d'avoir les caméras sur elle.

Chapitre 25

L'armée finit par intervenir et prend en charge le camp. Un contrat est rédigé pour qu'il n'y ait plus d'émission de ce genre. Les cocktails molotov étaient faux, mais ça a marché. Zedna et Pannonique ont une conversation sur l'héroïsme, mais sans être convaincues.

Chapitre 26

Zedna paie son billet de train à Pannonique pour qu'elle rentre chez elle. Elle préfère ne plus la voir. Celle-ci la remercie de tout ce qu'elle a fait. Zedna, amère, ne comprend qu'après coup l'importance de leur échange.

Chapitre 27

Au jardin des Plantes, EPJ327 retrouve Pannonique et lui apprend son nom, Pietro Levi. Ils parlent de ce qu'a fait Zedna. Pannonique lui dit qu'elle a besoin de lui dans sa vie, qu'elle a été complètement perturbée par tout ça. Elle finit par dire qu'elle apprend le violoncelle, parce que c'est ce qui se rapproche le plus de la voix humaine.

LES RAISONS
DU SUCCÈS

A contre courant de son style habituel, même si l'humour noir est toujours présent dans l'oeuvre, Amélie Nothomb nous entraîne avec son quatorzième roman dans une dénonciation de la télé-réalité et de la déshumanisation de l'homme.

Même s'il a été vendu à plusieurs milliers d'exemplaires, *Acide sulfurique* a fait l'objet de vives critiques dans la presse, notamment dans *Le Parisien* (du 25 août 2005) où le journaliste explique entre autres : « Si l'auteur pourrait prétendre, avec ce livre en trop, faire à la maison son devoir de mémoire, et si l'éditeur a accepté de le publier, un peu de recul suffit pour comprendre que tout ceci ressemble surtout à un coup de marketing nauséabond. »

L'autrice fera plusieurs apparitions télé, notamment dans *Le Grand Journal*, pour justifier ses écrits et défendre son livre. Beaucoup de critiques ont également reproché à l'autrice le manque de profondeur de ses personnages qui subissent plus qu'ils n'interviennent vraiment et un manque de maîtrise des codes de la dystopie.

Amélie Nothomb s'essaie avec cette oeuvre à un genre qui est marqué par de grands noms de la littérature, comme *Ravage* de René Barjavel ou encore *1984* de George Orwell. *Acide Sulfurique* a d'ailleurs de nombreux points communs avec celui-ci puisque les deux romans traitent d'humains filmés. Même si Orwell ne connaissait pas la télé-réalité à son époque et qu'il met en évidence le novlangue, langue qui empêche les personnages de trop penser, *1984* n'est pas sans rappeler dans le roman le manque de communication des personnages qui n'ont même plus de nom. La seule différence avec la dystopie pure et le roman d'Amélie Nothomb serait qu'il se finit assez bien pour les personnages qui s'en sortent et font interdire ce type d'émission. C'est cette fin qui déroge à la règle du style et qui peut-être a incité à la mauvaise critique pour ne pas avoir suivi l'idée jusqu'au bout.

LES THÈMES
PRINCIPAUX

Le principal thème du livre est l'humanité. Comment la garder. Le but des participants au jeu, déshumanisés par les organisateurs qui leur attribuent des matricules à la place de leur nom, est d'arriver à la garder coûte que coûte. « Le prénom est la clé de la personne », comme le souligne l'auteur. Pannonique, le personnage principal, ajoute des éléments également, en demandant aux groupes de se vouvoyer, malgré leur âge et leur proximité. Le vouvoiement est une clé pour garder un pied dans leur humanité, pour résister aux kapos qui leur manquent de respect et les tutoient. Le comportement des personnages n'est pas sans rappeler l'expérience de Stanford qui fut réalisée avec des étudiants qui jouaient des rôles de gardiens et de prisonniers. Elle visait à étudier le comportement de personnes ordinaires dans un tel contexte et eut pour effet de montrer que c'était la situation plutôt que la personnalité des bourreaux des participants qui était à l'origine de comportements parfois à l'opposé des valeurs premières.

Les deux autres thèmes sont la télé-réalité et l'influence des médias. Deux sujets qui font toujours débat. Tout au long du roman, l'autrice dénonce le pouvoir de la télévision et des médias qui entretiennent et encouragent chez les hommes la perversité et la médiocrité. Les médias apparaissent d'ailleurs comme un personnage à part entière jouant sur l'évolution des participants de l'émission. Au même titre d'ailleurs que les spectateurs qui ne sont ici qu'une masse difforme et hypocrite, maîtres de l'horreur.

En arrière plan, une dernière thématique apparaît également mais davantage comme un hommage : l'holocauste. Les références, ne serait-ce que par le nom de l'émission se multiplient. Et Pietro Livi n'est pas sans rappeler Primo Levi, notamment lorsqu'il fait référence à Romain Gary ou aux conditions d'enfermement durant le troisième Reich.

ÉTUDE DU
MOUVEMENT
LITTÉRAIRE

Ce livre s'apparente véritablement à une dystopie. Dystopie est emprunté à l'anglais dystopia, lui-même formé à partir du préfixe grec *dys–* (qui indique une anomalie) et *topos* (lieu). C'est l'opposé de l'utopie. C'est une forme de fiction dans la littérature de l'imaginaire qui dénonce les défauts d'une société souvent très pessimiste et négative, basée sur les craintes humaines. L'oppression est une valeur centrale. C'est un sous-genre de la science-fiction.

Les premières dystopies apparaissent au début du XXe siècle avec *Le Meilleur des mondes* d'Aldous Huxley (1932), traitant du clonage, puis *Ravage* de René Barjavel (1943). *Ravage* présente le naufrage d'une société développée, dans laquelle, un jour, l'électricité disparaît et plus aucune machine ne peut fonctionner. Les habitants, anéantis par la soudaineté de la catastrophe, sombrent dans le chaos, privés d'eau courante, de lumière et de moyens de déplacement. Ces ouvrages sont devenus des classiques de la littérature de science-fiction post-apocalyptique.

Une dystopie s'écrit généralement au passé et prétend toujours, plus ou moins, à l'illusion réaliste, peut-être parce que très souvent, il évoque le présent sous le masque du futur. L'ambition des auteurs (aujourd'hui essentiellement américains) est de nous mettre en garde contre l'égoïsme et l'inconscience des hommes : quelles conséquences pourraient avoir les catastrophes écologiques, la chute des démocraties, la corruption ? Ces questions reviennent sans cesse dans ces ouvrages.

Au delà de la dystopie, la science-fiction est commode pour évoquer le présent. Boris Vian, dans *Et on tuera tous les affreux* (1946), témoignait déjà des horreurs potentielles du clonage. La haine de la lecture qui fonde *Fahrenheit 451* (1953) de Ray Bradbury n'est que la relation des pratiques hitlériennes. Le monde de la science-fiction traite souvent d'apocalypses les plus diverses : *Fondation* d'Isaac Asimov (1951), *Je suis une légende* de Richard Matheson (1954) ou encore *La Planète des singes* de Pierre Boulle (1963). La foi dans le progrès est devenue une hantise.

Plus récemment, ce type d'ouvrages s'est développé en séries et ils connaissent comme leurs précurseurs un grand succès, d'autant plus qu'ils sont souvent adaptés au cinéma. Prenons pour exemple *Hunger Games* de Suzanne Collins (2009), ou encore *Divergent* de Veronica Roth. En France, les auteurs sont moins connus, mais les sagas de ce type se développent également. On retrouve notamment *U4* (multi-auteurs, 2015) ou encore *Vitaltest* de Clara Suchère (2015).

Les journalistes ont souvent critiqué le genre pour sa noirceur, surtout à l'heure actuelle où les ouvrages sont davantage destinés à la jeunesse. Mais le lectorat aussi bien que les auteurs s'en défendent, précisant qu'il s'agit de pousser à la réflexion et que l'espoir est toujours présent. Ils offrent une vision souvent très positive de l'adolescence via de jeunes héros qui mettent leurs qualités au service de la rébellion contre l'oppression, parfois jusqu'au sacrifice pour l'avènement d'un monde meilleur. Outre les romans, le genre s'illustre également en BD avec notamment *V pour Vendetta* d'Alan Moore (2012).

DANS LA MÊME COLLECTION
(par ordre alphabétique)

- **Anonyme**, *La Farce de Maître Pathelin*
- **Anouilh**, *Antigone*
- **Aragon**, *Aurélien*
- **Aragon**, *Le Paysan de Paris*
- **Austen**, *Raison et Sentiments*
- **Balzac**, *Illusions perdues*
- **Balzac**, *La Femme de trente ans*
- **Balzac**, *Le Colonel Chabert*
- **Balzac**, *Le Lys dans la vallée*
- **Balzac**, *Le Père Goriot*
- **Barbey d'Aurevilly**, *L'Ensorcelée*
- **Barbey d'Aurevilly**, *Les Diaboliques*
- **Bataille**, *Ma mère*
- **Baudelaire**, *Les Fleurs du Mal*
- **Baudelaire**, *Petits poèmes en prose*
- **Beaumarchais**, *Le Barbier de Séville*
- **Beaumarchais**, *Le Mariage de Figaro*
- **Beauvoir**, *Mémoires d'une jeune fille rangée*
- **Beckett**, *Fin de partie*
- **Brecht**, *La Noce*
- **Brecht**, *La Résistible ascension d'Arturo Ui*
- **Brecht**, *Mère Courage et ses enfants*
- **Breton**, *Nadja*
- **Brontë**, *Jane Eyre*
- **Camus**, *L'Étranger*
- **Carroll**, *Alice au pays des merveilles*
- **Céline**, *Mort à crédit*
- **Céline**, *Voyage au bout de la nuit*

- **Chateaubriand**, *Atala*
- **Chateaubriand**, *René*
- **Chrétien de Troyes**, *Perceval*
- **Cocteau**, *Les Enfants terribles*
- **Colette**, *Le Blé en herbe*
- **Corneille**, *Le Cid*
- **Crébillon fils**, *Les Égarements du cœur et de l'esprit*
- **Defoe**, *Robinson Crusoé*
- **Dickens**, *Oliver Twist*
- **Du Bellay**, *Les Regrets*
- **Dumas**, *Henri III et sa cour*
- **Duras**, *L'Amant*
- **Duras**, *La Pluie d'été*
- **Duras**, *Un barrage contre le Pacifique*
- **Flaubert**, *Bouvard et Pécuchet*
- **Flaubert**, *L'Éducation sentimentale*
- **Flaubert**, *Madame Bovary*
- **Flaubert**, *Salammbô*
- **Gary**, *La Vie devant soi*
- **Giraudoux**, *Électre*
- **Giraudoux**, *La Guerre de Troie n'aura pas lieu*
- **Gogol**, *Le Mariage*
- **Homère**, *L'Odyssée*
- **Hugo**, *Hernani*
- **Hugo**, *Les Misérables*
- **Hugo**, *Notre-Dame de Paris*
- **Huxley**, *Le Meilleur des mondes*
- **Jaccottet**, *À la lumière d'hiver*
- **James**, *Une vie à Londres*
- **Jarry**, *Ubu roi*
- **Kafka**, *La Métamorphose*
- **Kerouac**, *Sur la route*
- **Kessel**, *Le Lion*

- **La Fayette**, *La Princesse de Clèves*
- **Le Clézio**, *Mondo et autres histoires*
- **Levi**, *Si c'est un homme*
- **London**, *Croc-Blanc*
- **London**, *L'Appel de la forêt*
- **Maupassant**, *Boule de suif*
- **Maupassant**, *Le Horla*
- **Maupassant**, *Une vie*
- **Molière**, *Amphitryon*
- **Molière**, *Dom Juan*
- **Molière**, *L'Avare*
- **Molière**, *Le Malade imaginaire*
- **Molière**, *Le Tartuffe*
- **Molière**, *Les Fourberies de Scapin*
- **Musset**, *Les Caprices de Marianne*
- **Musset**, *Lorenzaccio*
- **Musset**, *On ne badine pas avec l'amour*
- **Perec**, *La Disparition*
- **Perec**, *Les Choses*
- **Perrault**, *Contes*
- **Prévert**, *Paroles*
- **Prévost**, *Manon Lescaut*
- **Proust**, *À l'ombre des jeunes filles en fleurs*
- **Proust**, *Albertine disparue*
- **Proust**, *Du côté de chez Swann*
- **Proust**, *Le Côté de Guermantes*
- **Proust**, *Le Temps retrouvé*
- **Proust**, *Sodome et Gomorrhe*
- **Proust**, *Un amour de Swann*
- **Queneau**, *Exercices de style*
- **Quignard**, *Tous les matins du monde*
- **Rabelais**, *Gargantua*
- **Rabelais**, *Pantagruel*

- **Racine**, *Andromaque*
- **Racine**, *Bérénice*
- **Racine**, *Britannicus*
- **Racine**, *Phèdre*
- **Renard**, *Poil de carotte*
- **Rimbaud**, *Une saison en enfer*
- **Sagan**, *Bonjour tristesse*
- **Saint-Exupéry**, *Le Petit Prince*
- **Sarraute**, *Enfance*
- **Sarraute**, *Tropismes*
- **Sartre**, *Huis clos*
- **Sartre**, *La Nausée*
- **Senghor**, *La Belle histoire de Leuk-le-lièvre*
- **Shakespeare**, *Roméo et Juliette*
- **Steinbeck**, *Les Raisins de la colère*
- **Stendhal**, *La Chartreuse de Parme*
- **Stendhal**, *Le Rouge et le Noir*
- **Verlaine**, *Romances sans paroles*
- **Verne**, *Une ville flottante*
- **Verne**, *Voyage au centre de la Terre*
- **Vian**, *L'Arrache-cœur*
- **Vian**, *L'Écume des jours*
- **Voltaire**, *Candide*
- **Voltaire**, *Micromégas*
- **Zola**, *Au Bonheur des Dames*
- **Zola**, *Germinal*
- **Zola**, *L'Argent*
- **Zola**, *L'Assommoir*
- **Zola**, *La Bête humaine*
- **Zola**, *Nana*
- **Zola**, *Pot-Bouille*

CPSIA information can be obtained
at www.ICGtesting.com
Printed in the USA
BVHW081403170321
602801BV00002B/237

9 782759 303342